Marcel Guhlmann

Personalmarketing-Ansätze unter besonderer Berücksichtigung demografischer Entwicklung

Konzeption, Praxisbeispiele und kritische Würdigung aus personalwirtschaftlicher Perspektive

GRIN Verlag

Bibliografische Information der Deutschen Nationalbibliothek:

Die Deutsche Bibliothek verzeichnet diese Publikation in der Deutschen National-
bibliografie; detaillierte bibliografische Daten sind im Internet über http://dnb.d-
nb.de/ abrufbar.

Impressum:

Copyright © 2011 GRIN Verlag GmbH
Druck und Bindung: Books on Demand GmbH, Norderstedt Germany
ISBN: 978-3-640-97900-4

Dieses Buch bei GRIN:

http://www.grin.com/de/e-book/176597/personalmarketing-ansaetze-unter-
besonderer-beruecksichtigung-demografischer

GRIN - Your knowledge has value

Der GRIN Verlag publiziert seit 1998 wissenschaftliche Arbeiten von Studenten, Hochschullehrern und anderen Akademikern als eBook und gedrucktes Buch. Die Verlagswebsite www.grin.com ist die ideale Plattform zur Veröffentlichung von Hausarbeiten, Abschlussarbeiten, wissenschaftlichen Aufsätzen, Dissertationen und Fachbüchern.

Besuchen Sie uns im Internet:

http://www.grin.com/

http://www.facebook.com/grincom

http://www.twitter.com/grin_com

Martin-Luther-Universität

Halle-Wittenberg

- Juristische und Wirtschaftswissenschaftliche Fakultät -

Bachelor-Thesis

(2-Monats-Arbeit)

Zur Erlangung

des Grades Bachelor of Science

in Betriebswirtschaftslehre

über das Thema

Personalmarketing-Ansätze unter besonderer Berücksichtigung demografischer Entwicklung – Konzeption, Praxisbeispiele und kritische Würdigung aus personalwirtschaftlicher Perspektive

von: Marcel Guhlmann

Abgabetag: 13.01.2011

Zusammenfassung

In der Struktur unserer Gesellschaft ist zu beobachten, dass die Menschen immer älter werden, jedoch die Geburtenrate auf ein stabil niedriges Niveau gesunken ist. Diese Veränderungen werden tituliert als „der demografische Wandel". Unternehmen werden dabei insofern belastet, dass es immer schwieriger wird, qualifiziertes Personal zu finden. Vor allem bei Führungskräften und Fachpersonal zeichnen sich schon heute Knappheiten aus. Daher ist es wichtig, langfristig angelegte Strategien zu entwickeln, um die Attraktivität des Unternehmens zu steigern und so Wettbewerbsvorteile zu anderen Arbeitgebern nutzen zu können. Das Personalmarketing hat im Unternehmen die Funktion, unter Ausnutzung verschiedener personalpolitischer Instrumente solche Wettbewerbvorteile zu kommunizieren und somit zur langfristigen Sicherung eines qualifizierten Mitarbeiterstammes zu sorgen.

In der Literatur gibt es viele Theorien und Ansichten, wie Personalmarketing richtig abzugrenzen sei. Die Ansätze gehen dabei von kompletter Ablehnung des Begriffs über den ausschließlich externen Bezug des Personalmarketing bis hin zu einer weiten Auffassung, die darin eine allumfassende Unternehmensphilosophie sieht.

Die Praxis zeigt, dass Personalmarketing nur funktionieren kann, wenn interne und externe Aufgaben erfüllt werden. Die Basis stellt dabei die Erforschung der Bedürfnisse (potenzieller) Mitarbeiter sowie des Arbeitsmarktes dar. Daraufhin können gezielte personalwirtschaftliche Maßnahmen erfolgen, die den Wünschen des Personals nachkommen. Dazu gehören monetäre Elemente wie variable Vergütung und soziale Sicherungssysteme genauso wie die Flexibilisierung der Arbeit, berufliche Aufstiegs- und Weiterbildungschancen sowie ein gesundes Arbeitsklima. Auf externer Seite geht es vor allem um die Kommunikation dieser Vorteile in einem positiven Personalimage, wobei sowohl persönliche Ansprache auf Messen als auch das Internet intensiv genutzt werden.

Ohne die Schaffung interner Anreize, welche einen Arbeitgeber derart auszeichnen, dass sich Mitarbeiter freiwillig an ihn binden, kann es keine externe Kommunikation von Wettbewerbsvorteilen geben beziehungsweise würde sich nur ein kurzfristiger Erfolg einstellen, spätestens bis neu eingestelltes Personal mit der Realität im Unternehmen konfrontiert wird.

- III -

Inhaltsverzeichnis

1 Ziele und Aufbau der Arbeit

Demografische Veränderungen in unserer Gesellschaftsstruktur beeinflussen den Arbeitsmarkt zunehmend. Die Zahl der Erwerbspersonen am Industriestandort Deutschland ist rückläufig.[1] Für Firmen, die nachhaltig wettbewerbsfähig bleiben wollen, gilt es deshalb, sich rechtzeitig auf diese neuen Strukturen einzustellen und sich um qualifizierte Mitarbeiterinnen und Mitarbeiter (im Folgenden zur besseren Lesbarkeit nur noch als *Mitarbeiter* bezeichnet) zu bemühen.

Das Ziel der vorliegenden Bachelor-Thesis ist es, Personalmarketing-Ansätze sowie deren praktische Instrumente für die Personalwirtschaft vorzustellen und im Kontext der demografischen Entwicklung zu betrachten.

Nach dieser Einleitung werden zunächst die zentralen Begriffe der Arbeit definiert, worauf eine Überleitung folgt, welche die aktuelle Lage in der demografischen Entwicklung und die Notwendigkeit, personalwirtschaftliche Maßnahmen zu ergreifen, darstellt. Zum Überblick, was die wirtschaftswissenschaftliche Theorie unter Personalmarketing versteht, werden im nächsten Abschnitt theoretische Ansätze vorgestellt und kurz miteinander verglichen.

Der praktische Teil der Arbeit befasst sich mit den Umsetzungsinstrumenten, die in der Personalarbeit zu einer demografiefesten Personalstruktur beitragen können und zu deren entsprechenden Vermarktung. Dabei werden die Maßnahmen bezogen auf die Zielrichtungen Personalforschung, internes und externes Personalmarketing betrachtet. Abgerundet wird dieses Kapitel mit drei Firmenbeispielen, die verdeutlichen sollen, mit welchen Mitteln des Personalmarketing die unternehmerische Praxis den demografischen Problemen entgegnet.

Ihren Abschluss findet die Arbeit in einer kritischen Würdigung, welche die Erkenntnisse dieser Abhandlung zusammenfasst und die Wichtigkeit des Personalmarketing für die Zukunftssicherheit unserer Unternehmen unterstreicht.

---

[1] Vgl. Statistische Ämter (2009), S. 10 ff.

- 2 -

2 Definitorische Grundlagen

Zur logischen Einordnung und Klarheit sollen zunächst grundlegende in dieser Arbeit verwendete Begriffe abgrenzt werden.

2.1 Personalwirtschaft

Da sich die hier beschriebene Thematik im Rahmen der Personalwirtschaft abspielt und der Begriff des Öfteren fällt, soll zunächst erläutert werden, was darunter zu verstehen ist. „Personalwirtschaft ist die Gesamtheit der mitarbeiterbezogenen Gestaltungs- und Verwaltungsaufgaben im Unternehmen."[2] Dabei obliegt die betriebswirtschaftliche Versorgung mit Personal den Führungskräften und der Personalabteilung unter der Prämisse der Beachtung der Bedürfnisse von Unternehmen und Mitarbeitern.[3]

2.2 Personalmarketing

Der Ausdruck Marketing, der in den 60er Jahren des 20. Jahrhunderts den Begriff Absatzwirtschaft häufig ersetzte, machte über die Jahre einige Wandlungen in seiner Interpretation mit.[4] Eine klassische und verbreitete Definition des Marketing ist folgende: **„Marketing ist eine unternehmerische Denkhaltung. Sie konkretisiert sich in der Analyse, Planung, Umsetzung und Kontrolle sämtlicher interner und externer Unternehmensaktivitäten, die durch eine Ausrichtung der Unternehmensleistungen am Kundennutzen in Sinne einer konsequenten Kundenorientierung darauf abzielen, absatzmarktorientierte Unternehmensziele zu erreichen."[5]**

Unter dem Begriff Personalmarketing versteht man allgemein Bemühungen, den Marketingansatz mit seinen Instrumenten auf die Personalwirtschaft zu übertragen.[6] Kon-

[2] Olfert, K. (2008), S. 24.
[3] Vgl. ebenda, S. 24.
[4] Vgl. Meffert, H./Burmann, Ch./Kirchgeorg, M. (2008), S. 7 ff.
[5] Bruhn, M. (2010), S. 14.
[6] Vgl. Bröckermann, R./Pepels, W. (2002), S. 3.

- 3 -

krete Definitionen gibt es viele, da verschiedene Autoren im Laufe der Zeit immer wieder verschiedene Auffassungen vertraten.[7] Aufgrund der speziellen Betrachtung des
Personalmarketing unter demografischen Gesichtspunkten wird sich im Folgenden einer
recht weiten Definition angeschlossen: „Personalmarketing ist die Orientierung der gesamten Personalpolitik eines Unternehmens an den Bedürfnissen von gegenwärtigen
und zukünftigen Mitarbeitern mit dem Ziel, gegenwärtige Mitarbeiter zu halten, zu motivieren und neue Mitarbeiter zu gewinnen."[8]

2.3 Demografische Entwicklung

Demografie versteht man als die wissenschaftliche Betrachtung der menschlichen Popu-
lation, die deren Größe, Verteilung, Zusammensetzung und Veränderung beschreibt.[9]
Demografische Entwicklung bezieht sich also vornehmlich auf den Wandel der Bevöl-
kerungszahl und -struktur in einem gewissen Zeitraum, welcher als Effekt von Fertilität
(Geburtenzahl), Mortalität (Sterberate) und Migration (Bevölkerungswanderung) zu
sehen ist.[10]

---

[7] Vgl. Beck, Ch. (2008), S. 9.
[8] Simon, H. u. a. (1995), S. 13.
[9] Vgl. Siegel, J. S./Swanson D. A. (2004), S. 1.
[10] Vgl. Schimany, P. (2003), S. 15.

3 Rolle des demografischen Wandels im Personalwesen

Das Schlagwort *demografischer Wandel* ist in Politik und Wirtschaft immer häufiger zu hören. Dem Bevölkerungsanstieg in den Entwicklungsländern steht die Stagnation und Schrumpfung der Bevölkerung in Industrieländern wie Deutschland gegenüber.[11] Die Organisation for Economic Co-operation and Development (OECD) hat in einem Vergleich der Geburtenraten ihrer Mitgliedsstaaten dargestellt, dass sich Deutschland mit 1,38 Kindern pro Frau im letzten Viertel der Statistik befindet.[12] Prognosen des Statistischen Bundesamtes erwarten, dass sich der Trend niedriger Geburtenzahlen auch weiterhin fortsetzt.[13] Hinzu kommen die steigende Lebenserwartung und der aktuell schon hohe Anteil Menschen mittleren Alters in der deutschen Gesellschaft.[14]

Die Folgen dieser Entwicklung sind eine Schrumpfung des Personenanteils im Erwerbsalter durch abnehmende Bevölkerungszahlen und ein wachsender Anteil älterer Menschen in Deutschland. Auch der prognostizierte steigende Wanderungssaldo wird diesen Trend nicht kompensieren.[15]

Für die Personalarbeit in Unternehmen stellt dieser Ausblick neue Herausforderungen dar. Firmen müssen Konzepte bereithalten, sich den Problemen der demografischen Entwicklung zu stellen. Einerseits wird der Rückgang der Erwerbspersonenzahl zu einem *Mangel an Fachkräften* führen, andererseits werden sich Unternehmen auf *alternde und multikulturelle Belegschaften* einstellen müssen.[16]

Das Personalmarketing ist der Baustein im Unternehmen, der die Brücke zwischen den Problemen und deren Lösungen schlagen kann. Es gilt, gut ausgebildete Beschäftigte zu binden, Ältere und Migranten besser zu integrieren sowie sich im Auftreten für rar werdende potenzielle Mitarbeiter interessant zu machen und diese für sich zu gewinnen.

---

[11] Vgl. Schimany, P. (2003), S. 14.
[12] Vgl. OECD (2010).
[13] Vgl. Statistisches Bundesamt (2009), S. 2 f.
[14] Vgl. ebenda, S. 1 ff.
[15] Vgl. ebenda, S. 8 ff.
[16] Vgl. Statistische Ämter (2009), S. 10 ff.

- 5 -

4 Personalmarketing-Ansätze

Mit dem Thema Personalmarketing beschäftigen sich die Wirtschaftswissenschaftler schon seit Mitte des 20. Jahrhunderts und kommen dabei immer wieder zu verschiedenen Ansichten.[17] In der Praxis korrelieren offensichtlich die verschiedenen Auffassungen des Begriffes mit der konjunkturellen Lage. Laufen die Geschäfte gut, so suchen sich Unternehmen am externen Arbeitsmarkt neues Personal für vakante Stellen. Bei schlechterer wirtschaftlicher Situation wird versucht, freie Stellen durch interne Personalverschiebungen zu besetzen.[18] Inwieweit diese Strategie zukunftssicher ist, gilt es zu klären.

4.1 Theoretische Ansätze

Aus der Menge der Theorien zum Personalmarketing lassen sich vier verschiedene Richtungen unterscheiden.[19] Diese theoretischen Ansätze sollen nun zunächst betrachtet werden.

4.1.1 Der heuristische Personalmarketing-Ansatz

Eckardstein und Schnellinger nähern sich der Thematik über den Vergleich zum klassischen Absatzmarketing, welches die Bemühungen der Unternehmung charakterisiert, den Interessen und Erwartungen der Abnehmer gerecht zu werden. Hier gilt, dass ein Vertrag nur dann zu Stande kommt, wenn beide Partner sich in Leistung und Gegenleistung entsprechende Offerten unterbreiten, die sich qualitativ und quantitativ von denen potenzieller Mitbewerber positiv abheben.[20] Wenn dabei einer der Marktteilnehmer eine relativ knappe Leistung anzubieten hat, so hat derjenige eine Marktmacht, die er im Vertrag mittels spezieller Bedingungen ausspielen kann.[21] Im Hinblick auf die demogra-

[17] Vgl. Beck, Ch. (2008), S. 9.
[18] Vgl. Fröhlich, W. (2004), S. 21 ff.
[19] Vgl. Scholz, Ch. (2000), S. 420.
[20] Vgl. Eckardstein, D. v./Schnellinger, F. (1975), Sp. 1593 f.
[21] Vgl. ebenda, Sp. 1594.

fische Entwicklung und den damit verbundenen Rückgang der Anzahl an Erwerbspersonen, gelangen die Arbeitnehmer mit der Zeit in solch eine immer mächtigere Position.[22] Durch die wachsende Markmacht müssen Arbeitgeber ihre Verhaltensweisen sowie die zu besetzenden Arbeitsstellen vermehrt an den Bedürfnissen und Vorstellungen der (potenziellen) Mitarbeiter ausrichten, um im Vergleich zu konkurrierenden Unternehmen mehr Leistungswillige von der Attraktivität des eigenen Unternehmens zu überzeugen.[23]

Die Grundlage dieses heuristischen Personalmarketing-Ansatzes bildet die Anreiz-Beitrags-Theorie.[24] Dies ist eine Entscheidungs- und Organisationstheorie, die besagt, dass sich für die Mitarbeit in einer Organisation mit den für den Organisationsfortbestand nötigen Leistungen Mitglieder nur dann motivieren lassen, wenn entsprechende Anreize den durch ihre Leistungsaufwendung entgangenen Nutzen kompensieren.[25]

Aufgrund der wachsenden Konkurrenz unter den Unternehmen, die Arbeitskräfte nachfragen, müssen sich Unternehmungen mittels der Platzierung wirksamer Anreize zu ihren Mitbewerbern auf dem Arbeitsmarkt differenzieren, denn die Arbeitsplätze des Unternehmens entsprechen im Personalmarketing den zu verkaufenden Waren im Marketing. Die Unternehmen treten dabei als Anbieter auf dem Arbeitsmarkt auf und die Mitarbeiter – egal, ob bereits im Unternehmen beschäftigt oder an einer Beschäftigung interessiert – sind die Nachfrager nach der „Ware" Arbeitsplatz.[26] Die Mitarbeiter als Kunden des Personalmarketing rücken durch den demografischen Wandel und den verstärkten Fach- und Führungskräftemangel immer mehr in den Fokus.[27] Die Unternehmen müssen daher ihre angebotenen Arbeitsplätze mit samt den Unternehmensleistungen für so attraktiv gestalten, dass die Interessen und Erwartungen der Arbeitnehmer bestmöglich gedeckt werden, um diese für eine Mitarbeit zu begeistern.[28] Doch auch im Umgang mit bereits Beschäftigten ist diese Ausgestaltung wichtig, denn sie sollen dem

---

[22] Vgl. Statistisches Bundesamt (2009), S. 5.
[23] Vgl. Eckardstein, D. v./Schnellinger, F. (1975), Sp. 1596.
[24] Vgl. Hentze, J./Kammel A. (2001), S. 241.
[25] Vgl. Becker, M. (2007), S. 24.
[26] Vgl. Eckardstein, D. v./Schnellinger, F. (1975), Sp. 1596.
[27] Vgl. Beck, Ch. (2008), S. 12.
[28] Vgl. Eckardstein, D. v./Schnellinger, F. (1975), Sp. 1596.

Unternehmen auch weiterhin „ihre volle Arbeitsleistung zur Verfügung stellen."[29] Ist das Verhältnis zwischen Anreizen und Beitragen gestört, führt das zu einem Abfall der Leistung der Mitarbeiter und somit nicht nur zur verminderten Wertschöpfung, sondern im Extremfall auch zu einem Austritt aus der Unternehmung.[30] Neben der mit höheren Anforderungen als im Absatzmarketing gestellten Maxime, dass sich Unternehmen in ihrer Dienstfunktion permanent an den Erwartungen und Interessen der Mitarbeiter zu orientieren haben und alle unternehmensseitigen Handlungen ständig daraufhin überprüfen müssen, stellen Eckardstein und Schnellinger auch noch die Wichtigkeit des Handwerkszeugs zur Realisierung dieser Maxime hervor. Wie im Absatzmarketing kann zwischen einer Aktionsseite und Informationsseite unterschieden werden, allerdings ist es zum einen kaum möglich und zum anderen oft nicht sinnvoll, diese beiden Seiten exakt voneinander zu trennen, da einige Instrumente zu beiden Seiten gleichermaßen gehören.[31]

In der Aktionsseite finden sich die personalpolitischen Instrumente wieder, welche die Summe aller Maßnahmen und Techniken sind, die von personalpolitisch Verantwortlichen eingesetzt werden.[32] Die Grundlage des Personalmarketing ist allerdings die Informationsseite mit dem Bereich der Personalforschung, der mit seinen Erkenntnissen für alle Personalverantwortlichen im Unternehmen die Ausgangsbasis für den Einsatz diverser personalpolitischer Entscheidungen und Maßnahmen darstellt.[33]

Personalmarketing als grundlegendes Denk- und Handlungskonzept zu verstehen und dabei besonders die Mitarbeiterbedürfnisse zu berücksichtigen, spricht dafür, diese Theorie als einen Ansatz mit einem eher breiten Begriffsverständnis anzusehen.[34] Auch die Autoren räumen ein, dass sich Personalmarketing zwar vornehmlich auf die Interessen und Einstellungen der Mitarbeiter ausrichten soll, dabei der Bezug zu einem größeren wirtschaftlichen und gesellschaftlichen Zusammenhang aber nicht zu vernachlässigen ist.[35]

[29] Scholz, Ch. (2000), S. 420.
[30] Vgl. Becker, M. (2007), S. 24.
[31] Vgl. Eckardstein, D. v./Schnellinger, F. (1975), Sp. 1597 f.
[32] Vgl. Elšik, W. (2004), Sp. 1630.
[33] Vgl. Eckardstein, D. v./Schnellinger, F. (1975), Sp. 1597 f.
[34] Vgl. Scholz, Ch. (2000), S. 421.
[35] Vgl. Eckardstein, D. v./Schnellinger, F. (1975), Sp. 1599.

4.1.2 Der implizite Personalmarketing-Ansatz

In seiner Veröffentlichung von 1987 gehört Staffelbach zu den Vertretern, die der Bezeichnung Personalmarketing ablehnend gegenüberstehen, da sich auf Grundlage des Transaktionskonzeptes die beiden Fachrichtungen Marketing und Personalmanagement derart unterscheiden, dass Personalmarketing als eigenes Konzept keinen Bestand haben kann.[36] Er erkennt darin weder eine eigenständige Methodologie noch betrachtet er es als „Gegenstand einer selbstständigen wissenschaftlichen Disziplin".[37] Zur Untermauerung seiner Kritik stellt er folgende Punkte auf:

1. Da weder Personal vom Unternehmen vermarktet wird noch es bei Personalmarketing um Social Marketing geht, ist der Begriff missverständlich.

2. Die frühe Literatur der 70er Jahre betont die Austauschprozesse von Unternehmen und dem externen Arbeitsmarkt, was Personalmarketing mit Personalbeschaffung gleichsetzt und somit degradiert.

3. Personalmarketing sollte jedoch ebenso den organisationsinternen Personalbereich thematisieren, da auch Marketing die Aufrechterhaltung von Tauschprozessen beinhaltet.

4. Viele Errungenschaften, die dem Personalmarketing zugesprochen werden bzw. damit in Verbindung gebracht werden, sind keine neuen Erkenntnisse gewesen.

5. Aufgrund der vorherrschenden Situation seinerzeit hätte es auch ohne die Schaffung des Begriffes Personalmarketing eine Hinwendung zum Menschen in der Personalpolitik gegeben.[38]

Da Staffelbach die handlungsbezogenen Konsequenzen dieses Forschungsgebietes trotzdem bejaht, zählt man ihn zu einem Vertreter des impliziten Personalmarketing.[39] Er räumt ein, dass es durchaus sachdienlich sein kann, sich einige Methodologien aus dem Marketingbereich in der Personalarbeit zunutze zu machen, da die zwei Disziplinen zumindest in der Hinsicht verwandt sind, als dass sie sich beide intensiv mit dem menschlichen Verhalten auseinandersetzen.[40]

---

[36] Vgl. Staffelbach, B. (1987), S. 125.
[37] Scholz, Ch. (2000), S. 421 f.
[38] Vgl. Staffelbach, B. (1987), S. 127; vgl. Scholz, Ch. (2000), S. 421.
[39] Vgl. Scholz, Ch. (2000), S. 422; vgl. Hentze, J./Kammel A. (2001), S. 242.
[40] Vgl. Staffelbach, B. (1987), S. 125 ff.

- 9 -

Unter Hinnahme des Wortgebrauches Personalmarketing definiert er es als „ein an den Wünschen und Bedürfnissen der vorhandenen und potentiellen Mitarbeiter orientiertes Denk- und Handlungskonstrukt im Sinne einer Führung der personellen Ressourcen des Unternehmens, ausgehend von den Bedürfnissen der Mitarbeiter."[41] Speziell betrachtet wird es als Methodik aufgefasst, die sich mit der Beschaffung von Arbeitsleistungen befasst, die sich analog zum Marketing in die Informationsseite und Aktionsseite aufteilt. Auf der Informationsseite soll dabei die interne Personalforschung herausfinden, in welcher Weise sich das Unternehmen mit seinen personalpolitischen Aktionen auf die Mitarbeiter auszurichten hat, wobei die externe Arbeitsmarktforschung mit ihren Erkenntnissen zu mehr Erfolg in der Anwerbung neuen Personals führen soll. Die Aktionsseite ist durch die Zusammenstellung der personalpolitischen Instrumente charakterisiert, welche unter Beachtung der Ziele und vorherrschenden Ausgangslage optimal zu kombinieren sind.[42] In ihrer Wichtigkeit für die Personalbeschaffung wird auch die Kommunikationspolitik besonders hervorgehoben. Im Mittelpunkt der Betrachtung stehen dabei einerseits die Ansprache der richtigen Zielgruppe und die Kontaktpflege, andererseits die Imagepflege für das Unternehmen als Arbeitgeber.[43] Es wird anerkannt, dass mit der Prägung des Personalmarketing-Begriffes das personalpolitische Instrumentarium und somit die gesamte Personalpolitik um viele sinnvolle Elemente ergänzt wurde, wie die Bemühungen um die Mitarbeiter und ihre immateriellen Bedürfnisse und das Erkennen ihrer Vielfältigkeit und der Komplexität ihrer Motivation.[44] Weg vom Bild der Mitarbeiter als Kunden für die „Ware" Arbeitsplatz oder als Produktionsfaktoren sollen sie nun als Beteiligte im Unternehmen angesehen werden, die sich mit Verantwortlichkeiten in der Unternehmung einbringen, in gewissem Maße an Entscheidungen teilhaben und durch die Mitarbeit auch Zwecke ihrer eigenen Entwicklung anstreben.[45] Trotzdem weist Staffelbach diese neuen Erkenntnisse dem Gebiet Personalmanagement zu, da sich aufgrund der für ihn gravierenden Unterschiede zwi-

[41] Vgl. Staffelbach, B. (1987), S. 131.
[42] Vgl. ebenda, S. 131 ff.
[43] Vgl. ebenda, S. 133 f.
[44] Vgl. ebenda, S. 140 f.
[45] Vgl. Kruhlis-Randa, J. S. (1983), S. 144 f.

schen Marketing und Personalmanagement keine Vereinbarung im Terminus Personalmarketing treffen lässt. Als Hauptunterschiede werden benannt, dass die Kundenorientierung immer noch vor der Mitarbeiterorientierung geht, die Freiheitsgrade im Arbeits-
verhältnis anders als im Kundenverhältnis durch Fremdbestimmung und Unterordnung
eingeschränkt sind und dass Kunden und Lieferanten im Marketing als funktionalisierte
Objekte angesehen werden, wohingegen das Personalwesen die Mitarbeiter als Indivi-
duen zu betrachten hat, von denen Arbeitsleistung und -verhalten nicht getrennt werden
können.[46]

4.1.3 Personalmarketing als operatives Instrument

Vertreter der Ansicht, Personalmarketing als eine spezielle Funktion der Personalwirtschaft, also als operatives Instrument anzusehen, ziehen eine enge und präzise Auslegung des Begriffes vor, welche alle Maßnahmen zur Personalbindung ausgrenzt. So ist
auch Drumm der Meinung, eine zu umfassende Deutung, die nahezu alle personalwirtschaftlichen Funktionen umschließt, bestimmt das Gebiet Personalmarketing nicht
scharf genug und verhindert eine klare Unterscheidung zur Personalwirtschaft. So definiert er Personalmarketing als „*die Erschließung des externen Arbeitsmarkts durch Auf-
und Ausbau eines positiven Image auf beschaffungsrelevanten Arbeitssegmenten*".[47]

Es wird also als unterstützendes Instrument der Personalbeschaffung angesehen, mit
dem Ziel qualifiziertes Personal auf dem externen Arbeitsmarkt anzuwerben, indem
einerseits der Wunsch auf dem Arbeitsmarkt befindlicher Potenziale bei der Unternehmung tätig zu werden und andererseits eine Reaktion im Sinne einer Bewerbung gefördert werden.[48]

Dem Personalmarketing kommt dabei die Aufgabe zuteil, Vorteile, welche das betrach-
tete Unternehmen potenziellen Beschäftigten anzubieten hat, erst aufzudecken und dann
am Arbeitsmarkt zu vermitteln. Um Aussagen darüber machen zu können, ist es zunächst nötig, durch intensive Arbeitsmarktforschung die Bedingungen im eigenen Unternehmen mit den Konditionen der Konkurrenten und den Erwartungen der potenziel-

---

[46] Vgl. Staffelbach, B. (1987), S. 141 f.
[47] Drumm, H. J. (2008), S. 293.
[48] Vgl. ebenda, S. 293 f.

len Bewerber zu vergleichen.[49] Ein Unternehmen kann nur dann durch gute Personalarbeit glänzen und erfolgreich am Arbeitsmarkt auftreten, wenn es die Beschäftigungsbedingungen möglichst gut an die Bedürfnisse und Erwartungen erwünschter Bewerber angleicht. Dabei müssen die eigenen Arbeitsangebote für die potenziellen Mitarbeiter vorteilhafter sein als die der Konkurrenten am Arbeitsmarkt.[50] Die Attraktivität des eigenen Unternehmens soll gesteigert und auf die Arbeitsplätze übertragen werden, um eine gewisse Begehrlichkeit bei potenziellen Bewerbern zu erzeugen.[51]

Die zur Zielerreichung erforderlichen Informationen erhält das Personalmarketing aus der Unternehmensanalyse, welche primär interne Daten auswertet, sowie den extern angelegten Analysen des Arbeitsmarktes und der Konkurrenten – einerseits zur Bestimmung der Einstellungen potenzieller Interessenten sowie zur Bestimmung von Angebot und Nachfrage am Arbeitsmarkt, andererseits zur Erkundung der Leistungsmöglichkeit von Konkurrenzunternehmen in der Anwerbung von qualifiziertem Personal am Arbeitsmarkt. Um einen sinnvollen Instrumenteneinsatz sicherzustellen, müssen diese Informationen in einer Stärken-Schwächen-Analyse verglichen werden.[52]

Das Unternehmen kann die ausgewiesenen Stärken dann als Wettbewerbsvorteil ausspielen und durch deren Kommunikation ein positives Unternehmensimage prägen. Allerdings muss sichergestellt werden, dass die vermittelten Informationen der Wahrheit entsprechen, da diese durchaus überprüfbar sind und sonst schnell Unglaubwürdigkeit hervorrufen. Bei der Veröffentlichung solcher Informationen muss zudem auf die Wahl der richtigen Medien geachtet werden, um eine gezielte Ansprache der Zielgruppe, aus der die spätere Rekrutierung erfolgen soll, sicherzustellen.[53]

Drumm hält fest, dass sich Personalmarketing seiner Auffassung nach nur auf den externen Arbeitsmarkt bezieht. Er schließt interne Maßnahmen zur Personalbindung in der generellen Personalarbeit nicht aus, sondern begrüßt ihren Einsatz, jedoch ordnet er diese in seinem Begriffsverständnis nicht dem Personalmarketing zu.

[49] Vgl. Drumm, H. J. (2008), S. 295.
[50] Vgl. ebenda, S. 295.
[51] Vgl. Bröckermann, R./Pepels, W. (2002), S. 4.
[52] Vgl. Drumm, H. J. (2008), S. 295 ff.
[53] Vgl. ebenda, S. 297 f.

4.1.4 Der explizite Personalmarketing-Ansatz

Aufbauend auf dem heuristischen Ansatz erklärt Strutz das Personalmarketing zur Aufgabe aller Führungskräfte mit Personalverantwortung im Unternehmen und befördert es von einer Rekrutierungsmethode zum Leitbild und zur Denkweise, denen sich die Führungskräfte zu verschreiben haben.[54] Da er mit dieser Theorie die weiteste Auslegung von Personalmarketing vertritt, bezeichnet man diese Ansicht als expliziten Ansatz.[55] Strutz schreibt die zögerliche Verbreitung insbesondere dem weitgehend regulierten Arbeitsmarkt, der wenig gestalterische Spielräume lässt, und der Tatsache, dass in den letzten Jahren der Anlass für ein spezielles Personalmarketing nicht gegeben war, zu. Schließlich konnten Unternehmen in der Vergangenheit meist auf eine zufriedenstellende oder mindestens ausreichende Suche nach Arbeitskräften zurückblicken. Hinzu kommt, dass der Gedanke, Marketing im Personalbereich zu implementieren, oft gegen Vorurteile ankämpfen muss, da ein falsches Verständnis von Marketing im Sinne von Werbung und Manipulation auf Personalverantwortliche abstoßend wirkt.[56]

Die Notwendigkeit eines umfassend durchgeführten Personalmarketing in der Praxis sieht Strutz in den sich verschärfenden Entwicklungen der letzten Dekaden, von deren Zuspitzung ausgegangen werden kann. So führt der oft benannte Wertewandel zu einer Relativierung des Stellenwertes der Arbeit im Leben der Menschen und zu mehr Bedeutsamkeit von individuellen Freiräumen zur Entfaltung, Selbstbestimmung und Mitsprache im Unternehmen. Hier gilt zwischen den Anforderungen der Berufswelt und den persönlichen Wünschen und Zielen der Menschen zu vermitteln. Dazu kommt, dass einer zwar schwankenden, sich aber auf ähnlichem Niveau haltenden Zahl an Arbeitslosen ein wachsender Mangel an Fach- und Führungskräften gegenübersteht, welcher sich aufgrund der demografischen Entwicklung weiter ausdehnen dürfte. Die Berufsentscheidung und die Wahl des Studienfaches scheinen zunehmend Trends und sozialen Klischees zu folgen, als sich an realistischen Arbeitsmarktchancen zu messen. So mangelt es gewerblich-technischen Berufen vermehrt an Nachwuchs, wobei in manchen kaufmännischen Berufen ein zu großer Ansturm an Ausbildungswilligen zu verzeichnen

---

[54] Vgl. Strutz, H. (1993), S. 14 f.
[55] Vgl. Scholz, Ch. (2000), S. 421.
[56] Vgl. Strutz, H. (1993), S. 1 f.

ist, was Aufstiegschancen im späteren Berufsleben erschwert. Außerdem wachsen bei modernen Arbeitsplätzen die Anforderungen an die Mitarbeiter, wodurch für eine optimale Besetzung von Arbeitsstellen deren genaue Profilierung nötig ist. All diese Entwicklungen verlangen eine stärkere Beachtung der Personalarbeit und ein Umdenken dahingehend, dass das Personalwesen mit seiner Arbeit die wichtigste Grundlage für die Existenz und den Erfolg des Unternehmens schafft.[57]

Um im Personalmarketing erfolgreich zu sein, reicht es nicht, der Personalbeschaffung die Marketinginstrumente und deren Methoden überzustülpen. Personal- und Imagewerbung zählen zwar zu den Elementen, jedoch greifen die Aktionsfelder des Personalmarketing weiter. Sie erstrecken sich auf die Bereiche *Personalforschung*, welche die Informationen zur Optimierung personalpolitischer Aktivitäten liefert, *externes Personalmarketing*, um das Unternehmen am Arbeitsmarkt positiv zu positionieren und potenzielle Bewerber anzusprechen, sowie *internes Personalmarketing*, um bereits beschäftigte Mitarbeiter ans Unternehmen zu binden.[58]

Wie schon im heuristischen Ansatz verankert, soll sich die Unternehmung weitestgehend an den Mitarbeitern orientieren, um deren Arbeitsleistung nutzen zu können.[59] So verlangt auch der explizite Ansatz die Betrachtung aller Aktivitäten des Unternehmens in Bezug auf den Einfluss, auf die Attraktivität als Arbeitgeber. Der Mitarbeiter steht im Mittelpunkt der Denkweise des Personalmarketing und wird im Vergleich zum Absatzmarketing sogar umfassender betrachtet als der Konsument.[60] Diese umfassende Auslegung spiegelt sich vor allem auch in der Aussage wider, dass Personalmarketing vor allem langfristige Wirkungen zeigt und die Unterstützung von jedem in Unternehmen verlangt.[61]

---

[57] Vgl. Strutz, H. (1993), S. 2 ff.; vgl. Bundesagentur für Arbeit. Statistik (2010).
[58] Vgl. Strutz, H. (1993), S. 7 ff.
[59] Vgl. Scholz, Ch. (2000), S. 420.
[60] Vgl. Strutz, H. (1993), S. 14 f.
[61] Vgl. Claus, D./Heymann, H.-H. (1992), S. 567.

- 14 -

4.2 Gegenüberstellung der Personalmarketing-Theorien

Wie soeben dargestellt, reichen die Meinungen von totaler Ablehnung des Begriffes Personalmarketing über die Definition als operatives Instrument bis zu einer Auslegung als allumfassende Unternehmensstrategie und Denkweise.[62] Jedoch beziehen sich die verschiedenen Auffassungen mehr auf die Definition des Wortes selbst denn auf die Sinnhaftigkeit einzelner personalwirtschaftlichen Funktionen.

So lehnt Staffelbach Personalmarketing als eigenes Konzept und Forschungsgebiet zwar ab, da er darin nur bedürfnisgerechte Personalpolitik sieht, begrüßt jedoch seine Instrumente und Erkenntnisse, welche er allerdings dem Personalmanagement zuordnet. Eine neue Begrifflichkeit aufgrund der Bewegung hin zur Mitarbeiterorientierung sei wenig zweckmäßig.[63] Drumm dagegen erkennt Personalmarketing an, grenzt es allerdings recht eng ab und sieht es ausschließlich als operatives Instrument der Personalgewinnung auf dem externen Arbeitsmarkt. Mittel und Maßnahmen zum Aufbau von Mitarbeiterloyalität und zur Mitarbeiterbindung bezeichnet er zwar als sinnvoll, bezieht diese aber nicht in den Aufgabenbereich des Personalmarketing ein.[64] Der heuristische Ansatz von Eckardstein und Schnellinger ist dagegen deutlich weiter gefasst und vertritt eine starke Mitarbeiterorientierung, wobei die Anreiz-Beitrags-Theorie eine Grundlage der Personalarbeit darstellt.[65] Die umfassendste Auffassung findet sich im expliziten Ansatz, den Strutz vertritt. Hier wird Personalmarketing als Leitbild und Denkweise des Unternehmens und somit aller Führungskräfte angesehen. Diese integrative Sichtweise erkennt den Menschen als Mittelpunkt der Personalarbeit und fordert, die Erwartungshaltung der (potenziellen) Beschäftigten zu erfüllen.[66] Überschneidungen zum übergeordneten Personalmanagement werden damit in Kauf genommen und das Personalmarketing wird zur Querschnittsfunktion aller personalwirtschaftlichen Funktionen im Unternehmen. Somit können Wirkungen auf vorhandene und potenzielle Mitarbeiter von jedem Bereich des Personalmanagements ausgehen.[67]

[62] Vgl. Beck, Ch. (2008), S. 9.
[63] Vgl. Staffelbach, B. (1987), S. 125 ff.
[64] Vgl. Drumm, H. J. (2008), S. 293 ff.
[65] Vgl. Eckardstein, D. v./Schnellinger, F. (1975), Sp. 1592 ff.
[66] Vgl. Strutz, H. (1993), S. 14 f.; vgl. Bröckermann, R./Pepels. W. (2002), S. 5.
[67] Vgl. Zaugg, R. J. (1996), S. 32 f.

Trotz aller Unterschiede in der definitorischen Abgrenzung von Personalmarketing sind sich die Autoren über die Wichtigkeit personalpolitischer Maßnahmen, die der langfristigen Erschließung von Potenzial am Arbeitsmarkt, der Motivation und Bindung bestehenden Personals sowie dem Imageaufbau des Unternehmens dienen, einig. Denn die nachhaltige Sicherung der Versorgung mit qualifiziertem und motiviertem Personal ist gleichzeitig eine Voraussetzung für den langfristigen Erfolg der Unternehmung.[68]

Aufgrund der eingangs beschriebenen Herausforderungen (Fachkräftemangel, Migration und alternde Belegschaften), denen die Wirtschaft angesichts der demografischen Entwicklung gegenübersteht, erscheint es mehr als sinnvoll, auch in den folgenden Ausführungen von einer weiten Auffassung des Personalmarketing auszugehen, die selbige als Orientierungsrahmen und Querschnittsfunktion für die Personalwirtschaft ansieht. Unter Annahme dieser Grundlage erfüllt das Personalmarketing für die Unternehmung vor allem drei Funktionen: die *Akquisition*, um externe Bewerber anzusprechen, die *Motivation*, zur Ansprache bereits im Unternehmen beschäftigter Mitarbeiter, und die erfolgreiche *Profilierung* des Unternehmens am Arbeitsmarkt.[69]

[68] Vgl. Zaugg, R. J. (1996), S. 33 f.
[69] Scholz, Ch. (1995), S. 265.

5 Personalmarketing in der unternehmerischen Praxis

Zur Umsetzung der Funktionen, die sich aus den theoretischen Überlegungen zum Personalmarketing ableiten lassen, bedarf es eines personalpolitischen Instrumentariums, welches auf die individuellen Bedürfnisse des Unternehmens ausgelegt ist. Welche Instrumente aus demografischer Sicht besonders nachhaltig sind und wie Unternehmen in der Praxis solche Ansätze realisieren, soll nun dargestellt werden.

5.1 Umsetzungsinstrumente des Personalmarketing in der Personalwirtschaft

Personalmarketingmaßnahmen kann man auf verschiedene Arten unterteilen. So ergibt z. B. die Übertragung der vier P des Marketing auf die Personalwirtschaft die Instrumentenbündel Entgelt-, Kommunikations-, Verfügbarkeits- und Angebotspolitik.[70] Diese lassen jedoch nicht direkt die Zielrichtung der Maßnahmen erkennen. Demnach wird hier nach den Hauptzielrichtungen *Personalforschung, internes* und *externes Personalmarketing* unterscheiden.[71] Zwar kommt es auch bei dieser Einteilung zu Überschneidungen, dafür spiegelt sie die für die Personalabteilung relevanten Aktionsfelder, die internen und externen Arbeitsmärkte besser wieder.[72]

5.1.1 Personalforschung

Grundlage für ein erfolgreiches Personalmarketing ist die Bereitstellung und Auswertung von Informationen hinsichtlich der längerfristigen Personalpolitik. Diese Aufgabe kommt der Personalforschung zuteil, die alle wichtigen Daten bezüglich der Mitarbeiter und deren Leistungsverhalten sowie der Attraktivität der Arbeitsplätze beobachtet, analysiert und bewertet. Dabei beziehen sich die erhobenen Daten sowohl auf den externen

---

[70] Vgl. Bröckermann, R./Pepels, W. (2002), S. 8 ff.
[71] Vgl. Strutz, H. (1993), S. 7.
[72] Vgl. Claus, D./Heymann, H.-H. (1992), S. 543; vgl. Strutz, H. (1993), S. 7.

als auch auf den internen Bereich, der für den Aspekt demografiefester Personalarbeit nicht vom Personalmarketing ausgeschlossen werden sollte.[73] Intern liefert die Personalforschung Daten über Personalbestände und -bewegungen und kann somit auch Aussagen über die Fluktuation treffen. Durch die Ermittlung von Kenntnissen, Fähigkeiten, Einstellungen, Werthaltungen, Wünschen, Motiven, Verhaltensweisen sowie Arbeitsergebnissen können die qualitativen Potenziale des beschäftigten Personals aufgedeckt und gleichzeitig die Nutzung dieses Potenzials kontrolliert werden. Außerdem ist es wichtig, die Wirkungen personalpolitischer Instrumente zu analysieren.[74] Gerade der Führungsstil hat Auswirkungen auf das Betriebsklima und die Fehlzeiten und kann durch eine Analyse dieser Daten sowie die Auswertung von Kündigungsgründen reflektiert werden.[75] Angaben über den internen Personalbestand in Kombination mit eventuellen Entwicklungswünschen des Personals sind grundlegende Informationen für den betriebsinternen Arbeitsmarkt. Durch das Wissen über vakante Stellen im Unternehmen und Mitarbeiter, die gewillt sind, sich in diese Richtung zu verändern, können sinnvolle Entscheidungen darüber getroffen werden, ob Stellen intern oder extern zu besetzen sind. Die Erfassung der Altersstruktur der Beschäftigten liefert belangvolle Daten für die Personalbedarfsplanung.[76] Denn für einen nachhaltigen Unternehmenserfolg wird es sowohl bedeutsamer als auch schwieriger werden, einen demografiefesten Mitarbeiterstamm zu halten, der aus älteren erfahrenen Mitarbeitern mit deren Kompetenzen besteht und auch aus Hochschulabsolventen, die aktuelles Wissen ins Unternehmen einfließen lassen.[77]

Im externen Forschungszweig ist, wie auch schon von Drumm ausführlich beschrieben, die Studie des Arbeitsmarktes von Relevanz, um mehr Informationen über die Anforderungen und die Leistungsfähigkeit potenzieller Bewerber zu bekommen.[78] Auch das (Aus-)Bildungsverhalten der Zielgruppen sowie die Strukturen des externen Arbeitsmarktes und der Bevölkerung sind hier zu beobachten. Vor allem Informationen über

---

[73] Vgl. Strutz, H. (1993), S. 8.
[74] Vgl. Drumm, H. J. (2008), S. 86 f.
[75] Vgl. Strutz, H. (1993), S. 8 f.
[76] Vgl. Berthel, J./Becker, F. G. (2010), S. 223.
[77] Vgl. Deller, J. u. a. (2008), S. 42.
[78] Vgl. Drumm, H. J. (2008), S. 87; vgl. ebenda, S. 296.

- 18 -

das Personal-Nachfrageverhalten von Mitbewerbern und die dabei eingesetzten Mittel und Strategien sind wichtig, um erfolgreiches Personalmarketing zu betreiben.[79] Grundlegend sollten außerdem interne und externe Einschätzungen über Image- und Attraktivitätspotenziale der Unternehmung erfasst werden. Hieraus lassen sich zum einen Rückschlüsse auf die Motivation beschäftigter Mitarbeiter ziehen, zum anderen hat das Image Einfluss auf die Akquise neuen Personals und dessen Vertragsbedingungen, wie z. B. Gehaltserwartungen. Durch die Analyse kann ein Anforderungsprofil erstellt werden, welches dann mit dem Image verglichen wird, also wie die Zielgruppe dieses Profil durch das Unternehmen erfüllt sieht. Der Abgleich von Wahrnehmungs- und Anforderungsprofil gibt dann Hinweise darauf, welche personalpolitischen Maßnahmen notwendig sind, um die Profile einander anzugleichen. Dabei spielt vor allem die Kommunikation entsprechender Maßnahmen eine entscheidende Rolle, um durch die Bekanntmachung Imageverbesserungen zu erreichen.[80] Umfangreiche Personalforschung zieht oft einen erheblichen Kostenaufwand mit sich, den sich nicht alle Unternehmen leisten können. Jedoch sollten wenigstens Trends durch interne Befragungen und Beobachtung des Arbeitsmarktes erkannt werden und alle verfügbaren Daten, die sinnvolle Erkenntnisse liefern, ausgewertet werden. Die Arbeitsagenturen können dabei als günstige Informationsquelle dienen, wenn eigene Untersuchungen nicht erstellt werden können oder wollen.[81] Finanzstärkere Unternehmen können dazu mit Beratungsgesellschaften kooperieren, die ihnen ihre Fachkompetenz auf diesem Gebiet als Dienstleistung bereitstellen.[82] Personalforschung verbessert personalpolitische Entscheidungen und kann somit zur Senkung von Transaktionskosten, z. B. Kosten der Vorbereitung, Abwicklung und Kontrolle personalwirtschaftlicher Maßnahmen, beitragen. So können die Erkenntnisse bei der Ausgestaltung von Arbeitsverträgen relevant sein sowie Investitionen in das Humankapital absichern und optimieren. Die Personalforschung bildet folglich die Basis für das gesamte Personalmarketing inklusive der Personalbeschaffung, -entwicklung und -freisetzung. Doch auch für die Mitarbeitermotivation durch bestmögliche Führung

---

[79] Vgl. Strutz, H. (1993), S. 8.
[80] Vgl. Claus, D./Heymann, H.-H. (1992), S. 547 ff.
[81] Vgl. ebenda, S. 554 f; vgl. Berthel, J./Becker, F. G. (2010), S. 227.
[82] Vgl. Strutz, H. (1993), S. 8.

und für die Ausgestaltung verschiedener Vergütungsmodelle können wichtige Erkenntnisse geliefert werden.[83]

5.1.2 Internes Personalmarketing

Das interne Personalmarketing richtet sich an das im Unternehmen beschäftigte Personal. Die personalwirtschaftlichen Maßnahmen, die z. B. durch das Erkennen und Fördern individueller Ziele der Mitarbeiter dazu beitragen, dass sich die Menschen mit dem Unternehmen identifizieren, helfen, diese engagiert und motiviert ans Unternehmen zu binden und die Attraktivität des Unternehmens zu steigern bzw. zu erhalten. Hierbei ist jedoch nicht außer Acht zu lassen, dass interne und externe Arbeitsmärkte eng miteinander verknüpft sind und sich gegenseitig beeinflussen. So haben interne personalpolitische Maßnahmen Wirkungen auf die Außendarstellung des Unternehmens. Darum bilden unternehmensinterne Entscheidungen die Grundlage des gesamten Personalmarketing. Denn was extern kommuniziert wird, muss sich auch in der internen Realität wiederfinden, um glaubhaft zu sein.[84]

Damit das Unternehmen für die Arbeitnehmer weiterhin ein attraktiver Arbeitgeber bleibt, gilt es, Aufgaben, Kompetenzen und Verantwortungen, Aus- und Weiterbildungsmöglichkeiten, Entwicklungs- und Karrierechancen, materielle und immaterielle Anreizgestaltung sowie Betriebs- und Arbeitsklima zu optimieren.[85]

Besonders in Hinsicht des demografisch bedingten Mangels an qualifiziertem Personal hat die *Mitarbeiterbindung* einen hohen Stellenwert im Personalmarketing. Leistungsfähige und motivierte Mitarbeiter müssen über alle Altersgruppen hinweg umworben werden, denn wie sich gezeigt hat, nimmt die Leistungsfähigkeit mit zunehmendem Alter nicht generell ab.[86] Einerseits hängt die Entwicklung der physiologischen Parameter von zahlreichen Einflüssen ab, was das Altern stark individualisiert, andererseits konnten Untersuchungen zeigen, dass auch ältere Erwerbstätige noch so hohe Leistungen erbringen können, dass diese für die allgemeine Arbeitsfähigkeit vollkommen aus-

---

[83] Vgl. Drumm, H. J. (2008), S. 87.
[84] Vgl. Claus, D./Heymann, H.-H. (1992), S. 543 f.
[85] Vgl. Strutz, H. (1993), S. 12.
[86] Vgl. Deller, J. u. a. (2008), S. 116; vgl. Becker, M./Labucay, I./Kownata, C. (2008), S. 53.

reichend sind.[87] Nachlassender Muskelkraft und Reaktionsgeschwindigkeit stehen zunehmendem Wissen und Erfahrung, Zuverlässigkeit und Qualitätsorientierung gegenüber – Merkmale, die in Zeiten stärkerer Dienstleistungsorientierung umso gefragter sind. Doch schon allein die problematische Entwicklung der Sozialversicherungskassen macht eine *Verlängerung der Lebensarbeitszeit* unabdingbar.[88]

Um Ältere und auch die bisher benachteiligte Gruppe der familiär eingebundenen Frauen besser im Arbeitsleben zu integrieren, muss die Attraktivität des Arbeitsplatzes in sofern verbessert werden, dass Arbeitsbedingungen angepasst werden.[89] Für ältere Arbeitnehmer gilt es dabei, übermäßige Belastungen abzubauen, damit die Leistungsfähigkeit möglichst aufrechterhalten und ein krankheitsbedingtes Ausscheiden, was für Unternehmen einen erheblichen Kostenfaktor darstellt, möglichst vermieden wird. Individuelle *Gesundheitsprogramme* für die Mitarbeiter können hier zur Verbesserung der Arbeitsfähigkeit beitragen.[90] Die *Arbeitszeitflexibilisierung* und somit eine Verbesserung der *Work-Life-Balance* sind nicht nur für Frauen ein Anreiz. Die individuellen Bedürfnisse und Wünsche der Menschen verlangen eine flexible Ausgestaltung des Arbeitsplatzes in Länge und Lage der Arbeitszeiten. Das unterstützt die Mitarbeiter in der Vereinbarung von Job und Privatleben und wirkt sich positiv auf deren Leistungsfähigkeit und Gesundheit aus.[91]

Weitere dem internen Personalmarketing dienliche Mittel sind freiwillige *betriebliche Sozialleistungen*, die in mehrerlei Hinsicht unterstützend wirken können. Sie dienen der Anerkennung des Arbeitseinsatzes, steigern somit die Leistungsbereitschaft und Motivation, fördern das Betriebsklima und verbessern darüber das Arbeitgeberimage.[92] Gerade die betriebliche Altersversorgung sei hier zu erwähnen. Neben dem sozialpolitischen Aspekt, eine weitere Säule in der Alterssicherung der Arbeitnehmer zu errichten, kann vor allem der personalpolitische Effekt einer Bindung der Mitarbeiter ans Unter-

---

[87] Vgl. Langhoff, T. (2009), S. 31 ff.
[88] Vgl. Eckardstein, D. v. (2004), S. 128 ff.
[89] Vgl. Meißner, A./Becker, F. G. (2007), S. 398.
[90] Vgl. Eckardstein, D. v. (2004), S. 131 ff.; vgl. Ulich, E./Wülser, M. (2009), S. 4 f.
[91] Vgl. Neher, H. (1993), S. 594 ff.; vgl. Berthel, J./Becker, F. G. (2010), S. 81.
[92] Vgl. Büdenbender, U./Selke, M. (1993), S. 542 ff.

nehmen und eine Steigerung der Attraktivität für potenzielle Mitarbeiter beobachtet werden.[93]

Ein bislang noch sehr verbreitetes Problem ist die alterabhängige Vergütung. Ältere Mitarbeiter werden oft zu teuer, wenn die Relation von Leistung und Bezahlung nicht mehr angemessen ist. Das erschwert vielen Unternehmen eine altersübergreifende Beschäftigung. Sie neigen dazu, sich von den älteren Mitarbeitern z. B. mittels Frühpensionierung zu trennen, was unter demografischen Gesichtspunkten kritisch ist.[94] Eine Absenkung der Vergütung auf ein an der Leistung Schwächerer orientiertes, aber ethisch faires Maß kann die Anstellung von Personen, die dem Leistungs- und Zeitdruck nicht mehr entgegenstehen können oder wollen, wieder rentabel machen.[95] Gleichzeitig sollte dabei die Einführung einer *variablen Vergütung* einhergehen. Das verminderte, jedoch sichere Grundgehalt kann so von Arbeitnehmern, die mehr Leistung erbringen, aufgestockt werden. Somit bietet die variable Vergütung gleichzeitig einen Anreiz für besseres Engagement und mehr Motivation der Angestellten.[96]

Auch verbesserte interne *Integrationsmaßnahmen* für Migranten stellen in unserer globalisierten Welt einen Wettbewerbsvorteil dar. Durch die Bereitstellung von Qualifizierungen, die integrationsfördernde Maßnahmen wie die Verbesserung der Deutschkenntnisse enthalten, kann der Pool an Arbeitskräften nicht deutscher Herkunft besser genutzt werden.[97]

Qualifizierungen spielen im Allgemeinen eine wichtige Rolle für zukunftssichere Personalpolitik. Vor allem die *systematische Personalentwicklung* dient der Ausbildung von Talenten aus dem eigenen Mitarbeiterstamm. Sie bietet eine Zukunftsperspektive für Mitarbeiter und bindet diese an das eigene Unternehmen.[98] Gerade in Zeiten von Nachwuchsmangel auf dem externen Arbeitsmarkt stellt die Aufstiegsweiterbildung als *interne Personalbeschaffung* eine wichtige personalpolitische Funktion dar, die von arbeitnehmerorientiertem Personalmarketing flankiert wird.[99] Personalentwicklung soll-

---

[93] Vgl. Berthel, J./Becker, F. G. (2010), S. 564 f.
[94] Vgl. Eckardstein, D. v. (2004), S. 130; vgl. Deller, J. u. a. (2008), S. 137.
[95] Vgl. Eckardstein, D. v. (2004), S. 133.
[96] Vgl. Berthel, J./Becker, F. G. (2010), S. 555 ff.
[97] Vgl. ebenda, S. 321.
[98] Vgl. Meißner, A./Becker, F. G. (2007), S. 396.
[99] Vgl. Becker, M. (2010), S. 96; vgl. Hentze, J./Kammel, A. (2001), S. 241.

- 22 -

te im System des Unternehmens tief verankert sein. Um den sich schnell ändernden Anforderungen des Marktes gerecht zu werden, muss die Bildungsarbeit proaktiv, nachfrageorientiert und differenziert erfolgen. Sie ist in unserer wettbewerbsorientierten Welt sowohl für die Existenzsicherung des Unternehmens als auch für die Beschäftigungsfähigkeit der Menschen als Schlüsselfunktion anzusehen.[100] *Lebenslanges Lernen* und *betriebliche Weiterbildung* sind grundlegende Bausteine für den Erhalt der Motivation des Teams und sichern die Innovationskraft des Unternehmens.[101] Dabei sollte auf *altersspezifisches Lernen und Lehren* geachtet werden, dessen Methoden sich von der Ausbildung Jugendlicher unterscheiden und sich an den individuellen Bildungsvoraussetzungen orientieren. Eine Verzahnung von Arbeit und kontinuierlichem Lernen ist die Basis dafür, dass ältere Mitarbeiter nicht gegen Jüngere in eine Defizitposition geraten.[102] Auch ein ausführliches *Wissensmanagement* ist zu organisieren. Es beinhaltet die Weitergabe von Erfahrungen und Know-how an Folgegenerationen, was gerade in Anbetracht alternder Belegschaften von Bedeutung ist, um erfolgskritisches Wissen für die Unternehmung zu bewahren.[103]

Dieser gesamte Aufgabenkomplex der mitarbeiterorientierten Personalpolitik mündet in eine Hauptaufgabe des internen Personalmarketing: die Schaffung einer *Unternehmenskultur*. Wenn sich die Mitarbeiter mit einer positiven, an ihnen und den Unternehmenszielen orientierten Kultur identifizieren können, führt das zu einem unschätzbaren Wettbewerbsvorteil. Mit der Verankerung in einer Firmenphilosophie, die von den Führungskräften vorbildhaft gelebt wird, sind alle Potenziale der Belegschaft mobilisierbar.[104] Die Unternehmens- und Führungsgrundsätze müssen so angelegt sein, dass Mitarbeiter den Sinn, Zweck und Wert ihrer Arbeit erkennen, von ihren Führungskräften respektiert werden sowie Entwicklungsmöglichkeiten vorhanden, ja sogar erwünscht sind.[105] Das *strukturierte Mitarbeitergespräch* kann als Führungsinstrument bei der Analyse von Einstellungen, Bedürfnissen und Wünschen der Mitarbeiter helfen, indivi-

---

[100] Vgl. Becker, M. (2009), S. 676 f.; vgl. ebenda, S. 1 f.
[101] Vgl. Ilmarinen, J. (2008), S. 200 f.
[102] Vgl. Geldermann, B. (2007), S. 31 ff.; vgl. dieselbe (2005), S. 72.
[103] Vgl. Deller, J. u. a. (2008), S. 181.
[104] Vgl. Wollert, A. (1993), S. 433 ff.
[105] Vgl. Strutz, H. (1993), S. 12 f.

duelle Ziele zu definieren und durch persönliches Feedback zur Motivation beizutragen.[106]

Fehler in der *Personalführung* machen sich meist bemerkbar anhand hoher Kranken- und Fluktuationszahlen, einem schlechten Betriebsklima oder nachlassender Qualität. Dies kann auch das Personalmarketing schlecht wettmachen – gutes Personalmarketing und schlechte Personalführung schließen sich sogar gegenseitig aus. Die Führung sollte Orientierung für die Unternehmensentwicklung und deren Auswirkungen auf die Mitarbeiter geben. Die Motivation durch eine Verknüpfung von Mitarbeiterbedürfnissen und deren Arbeit, persönliche Stärkung und Qualifikation sowie die Legitimation, also der Einbezug in betriebliche Entscheidungen tragen zur Identifikation der Angestellten mit dem Unternehmen bei.[107]

5.1.3 Externes Personalmarketing

Die besonderen Leistungen des Unternehmens durch verschiedene interne personalpolitische Maßnahmen gilt es nicht nur an die Beschäftigten, sondern auch an potenzielle Bewerber von außerhalb zu „verkaufen".[108] Ziel des externen Personalmarketing ist daher die Außendarstellung der unternehmensspezifischen Attraktivität, das Finden zielgruppenspezifischer Kommunikationswege und die Formulierung passender Einstiegsangebote zur Erschließung externer Arbeitsmärkte. Auch Bewerberanalyse und vor allem Auswahlgespräche haben dabei Personalmarketingcharakter.[109]

Da Personal mit den erforderlichen Qualifikationen ein knapper Faktor ist und die Beschaffung sowie Heranbildung Zeit in Anspruch nehmen, stellt die *Personalplanung* die Grundlage der Personalwirtschaft dar. Verschiedene interne und externe Einflussfaktoren, wie z. B. die Marktsituation, Gesetze oder die betriebliche Altersstruktur, gilt es dabei zu beachten.[110] Die Personalplanung dient daher gleichzeitig als Wegweiser für das Personalmarketing und bestimmt die zu implementierenden Maßnahmen für die

---

[106] Vgl. Becker, M. (2009), S. 507.
[107] Vgl. Strutz, H. (1993), S. 13.
[108] Vgl. Becker, M. (2010), S. 90.
[109] Vgl. Strutz, H. (1993), S. 8 f.; vgl. Berthel, J./Becker, F. G. (2010), S. 316.
[110] Vgl. Drumm, H. J. (2008), S. 202; vgl. Becker, M. (2010), S. 75.

Ansprache der entsprechenden Zielgruppen, um den zukünftigen Mitarbeiterbedarf des Unternehmens zu decken.[111]

Da Mitarbeiter in verschiedenen Bereichen mit unterschiedlichen Ausbildungsgraden in verschiedenen Altersklassen benötigt werden, sollte die Strategie zur nachhaltigen Personalsicherung in mehreren Richtungen angelegt sein. Eine Möglichkeit ist die Kooperation mit Schulen. Im sog. *Schulmarketing* bietet sich für Unternehmen die Möglichkeit, sich mit den angebotenen Lehrberufen bei den Schülern vorzustellen und diesen berufliche Perspektiven zu bieten. Durch ein Angebot von Ausbildungsplätzen, das über den eigentlichen Bedarf hinausgeht, können später auftretende Engpässe durch Mitarbeiterfluktuation ausgeglichen werden.[112] Für Berufe, die ein Studium voraussetzen, eignet sich das *Hochschulmarketing*, um frühzeitig mit akademischen Nachwuchskräften in Kontakt zu treten. Durch Vorträge, Praktikumsplätze oder die Betreuung von wissenschaftlichen Arbeiten kann dabei eine Zusammenarbeit aufgebaut werden. Spezielle Hochschulkontaktmessen bieten Unternehmen eine relativ preiswerte Art, mit einer ausgewählten Zielgruppe persönlich ins Gespräch zu kommen und Streuverluste zu minimieren. Durch Vorträge von Topmanagern oder Vorstandsvorsitzenden lässt sich oft noch mehr Begeisterung für das Unternehmen an potenzielle Bewerber transportieren.[113] Viele Unternehmen werben Absolventen hier mittels Traineeprogrammen an, die den Jobeinstieg erleichtern und akademische Berufseinsteiger auf die Übernahme von Verantwortungen im Unternehmen vorbereiten.[114]

Eine gute *Kontaktpflege* ist nicht nur im Schul- oder Hochschulbereich ein fundamentales Instrument. Die richtige *Bearbeitung aller relevanten Zielgruppen* ist generell nötig, um den Pool potenzieller Mitarbeiter bestmöglich auszuschöpfen. So müssen der Gruppe der Professionals, worunter beispielsweise Ingenieure fallen, andere Anreize gegeben werden als Berufseinsteigern. Auch gegenüber Frauen, Migranten und älteren Arbeitnehmern müssen die für ihre Zielgruppe individuellen Vorteile, die das Unternehmen durch seine interne Personalarbeit zu bieten hat, richtig kommuniziert werden.[115]

---

[111] Vgl. Claus, D./Heymann, H.-H. (1992), S. 547; vgl. Klimecki, R. G./Gmür, M. (2005), S. 165.
[112] Vgl. Meißner, A./Becker, F. G. (2007), S. 396 ff.
[113] Vgl. Klimecki, R. G./Gmür, M. (2005), S. 167 f.; vgl. Simon, H. u. a. (1995), S. 189.
[114] Vgl. Becker, M. (2010), S. 119.
[115] Vgl. Berthel, J./Becker, F. G. (2010), S. 320 f.

Die *Bewerberansprache* kann auf verschiedene Arten erfolgen. Eine Möglichkeit ist die Zuhilfenahme von Arbeitsvermittlern oder Personalberatern, die eine unabhängige Vorauswahl treffen und Unternehmen mit begrenzter Kapazität in der eigenen Personalabteilung viel Zeit ersparen können. Die meistverwandte Methode des Kommunikationsaufbaus bleibt jedoch die Stellenanzeige. Hierbei ist die *Wahl des richtigen Mediums* für die passende Zielgruppe von großer Wichtigkeit. In Printmedien erfolgt die Suche nach Führungskräften beispielsweise in den überregionalen Tageszeitungen (z. B. Frankfurter Allgemeine Zeitung), die Suche nach technischen Spezialisten wie Ingenieuren dagegen oft in Fachzeitschriften. Um sich von anderen Stellenangeboten positiv abzuheben, ist eine gute Beschreibung des Unternehmens und der Stelle mit ihren Voraussetzungen genauso wichtig wie die Gestaltung der Anzeige.[116] Ein immer wichtiger werdendes Medium ist das Internet. Die Auftritte der Unternehmen, die ohnehin schon für Marketingzwecke genutzt werden, bieten nicht nur Möglichkeiten Konsumenten zu überzeugen, sondern auch potenzielle Mitarbeiter über entsprechende Job- und Karriereseiten zu akquirieren. Vor allem aber Online-Jobbörsen spielen eine zunehmend größere Rolle, da sich Stellensuchende immer häufiger dieser Onlineportale bedienen.[117]

Personalwerbung soll aber nicht nur stellenbezogene Informationen vermitteln, sondern potenzielle Bewerber auch emotional ansprechen. Dabei gilt es, positiv empfundene Eigenschaften des Unternehmens, welche die Personalforschung dargelegt hat, in der Kommunikation zu nutzen.[118] Speziell Imageanzeigen wirken auf diese Weise, um ein positives Bild bei der Zielgruppe zu erzeugen. Eine Zuspitzung dessen ist das *Employer Branding*.[119] Mit der Etablierung einer Arbeitgebermarke wird die Bereitschaft, sich beim Unternehmen zu bewerben, forciert, da in bestimmten Zielgruppen eine Präferenz für den Arbeitgeber entwickelt wird.[120] So wird das *Personalimage* zu einer zentralen Funktion des Personalmarketing, die all seine Zielrichtungen betrifft und seine Wirkung sowohl von innen nach außen als auch von außen nach innen zeigt.[121]

---

[116] Vgl. Knoblauch, R. (2002), S. 63.
[117] Vgl. Sudar, B. (2008), S. 100 f.
[118] Vgl. Nawrocki, J. (1993), S. 273.
[119] Vgl. Klimecki, R. G./Gmür, M. (2005), S. 166 f.
[120] Vgl. Deller u. a. (2008), S. 136.
[121] Vgl. Claus, D./Heymann, H.-H. (1992), S. 544.

5.2 Praxisbeispiele

Dass die Ideen des Personalmarketing nicht neu sind, wurde eingangs bereits erwähnt, jedoch die Wichtigkeit für eine konsequente Umsetzung nimmt aufgrund der Veränderungen in unserer Gesellschaft zu. Wie Unternehmen in der freien Wirtschaft dieses Thema angehen, soll nun beispielhaft gezeigt werden.

5.2.1 Beispiel Deutsche Lufthansa AG

Die Lufthansa hat die Situation erkannt und stellt sich den demografischen Problemen mittels vieler personalpolitischer Maßnahmen, die in der Summe das Unternehmen zu einem der beliebtesten Arbeitgeber Deutschlands machen.[122]

Mit steigender Globalisierung und Kundenvielfalt weiß die Lufthansa um die Wettbewerbsvorteile einer heterogenen Belegschaft und geht dabei als international operierendes Unternehmen auch integrationsfördernd gegen Fremdenfeindlichkeit vor. Verbesserte Chancen für Frauen, Ältere, Behinderte und Migranten sollen Engpässe bei der Rekrutierung von Mitarbeitern vermeiden und die Bildung heterogener Teams forcieren, in denen die Wertschätzung eines jeden Mitgliedes erfolgt. Mit einem aktiv gelebten und kommunizierten Diversity Management, also der Förderung der Vielfalt der Arbeitnehmer in Bezug auf beispielsweise Alter, Geschlecht und ethnischer Zugehörigkeit, werden die Voraussetzungen geschaffen, ein größtmögliches Potenzial an Arbeitskräften erschließen zu können.[123]

Auf der Basis einer gründlichen Analyse der Mitarbeiterstruktur bietet die Lufthansa viele interne personalpolitische Maßnahmen, die das Unternehmen zu einem präferierten Arbeitgeber machen. Ein umfangreiches Gesundheitsmanagement bietet Aufklärung zu speziellen Themen, Vorsorgeuntersuchungen, Sozialberatung und eine gesunde Ernährung in Betriebsgaststätten. Der betriebseigene Sportverein unterstützt den Erhalt der körperlichen Fitness und bietet Verfahren zur Prävention körperlicher Gebrechen. In der betrieblichen Weiterbildung erfolgt die Integration aller Altersklassen. Die Fortbildung wird gefördert und auf Wunsch sogar altersspezifisch durchgeführt, um Bildungslücken

---

[122] Vgl. Rühl, M. (2008), S. 144.
[123] Vgl. dieselbe (2004), S. 71 ff.

zu schließen und die Beschäftigungsfähigkeit zu bewahren. Bei der Fortbildung jüngerer Generationen im Unternehmen spielen ältere Mitarbeiter eine besondere Rolle. Als „Senior Professionals", was ihre besondere Wertschätzung ausdrückt, geben sie in speziellen Mentoring-Programmen ihr Erfahrungswissen an jüngere Generationen im Unternehmen weiter. Auch die Verbesserung der Work-Life-Balance wird bei der Lufthansa zum Thema gemacht. Es wurden flexible Arbeitszeitmodelle geschaffen, die dem Bedürfnis vieler Mitarbeiter nachkommen, in Teilzeit zu arbeiten. Auch die betriebliche Förderung der Kinderbetreuung trägt zur leichteren Vereinbarkeit von Beruf und Privatleben bei und unterstützt somit auch die Wiedereingliederung von Frauen nach der Schwangerschaft. Diese Personalpolitik soll Mitarbeiter ans Unternehmen binden und motivieren. Eine entscheidende Rolle spielt dabei die Führung, die derart ausgelegt sein muss, dass die Motivation der Beschäftigten auch erhalten bleibt.[124]

Der wichtigste externe Bestandteil des Personalmarketing ist die aktive Außenkommunikation dieser Beschäftigungsvorteile auf Tagungen, Messen, durch Pressemitteilungen oder das Internet. Imagebildende Wirkungen richten sich vor allem an potenzielle Bewerber und die interessierte Öffentlichkeit. Durch das in den Zielgruppen errichtete Personalimage des Unternehmens sollen Personen dieser Zielgruppen dazu bewegt werden, sich eher bei der Lufthansa als bei anderen Unternehmen zu bewerben.[125] Bei der Interessentenansprache setzt der Luftfahrtkonzern vor allem auch auf das Internet. Über den Link „Jobs & Karriere" auf der Webseite der Lufthansa gelangt man zur Recruiting-Homepage www.be-lufthansa.com, wo umfangreiche Informationen über das Unternehmen und Karrieremöglichkeiten gegeben werden. Außerdem werden hier nochmals die Wettbewerbsvorteile der Lufthansa als Arbeitgeber in den Bereichen Personalentwicklung, Aufstiegschancen durch Weiterbildung, Work-Life-Balance und Vergütung aufgezeigt. Durch den Log-in-Bereich wird dem Bewerber ein individueller Service geboten, Auskunft über den Bearbeitungsstand der Bewerbung zu erhalten.[126]

Das Personalmarketing der Lufthansa ist damit sehr modern und zukunftsorientiert aufgebaut, wobei es sich voll an den Bedürfnissen der (potenziellen) Mitarbeiter orientiert.

---

[124] Vgl. Rühl, M. (2007), S. 100 ff.; vgl. dieselbe (2004), S. 73.
[125] Vgl. Deller, J. u. a. (2008), S. 136; vgl. Rühl, M. (2004), S. 73.
[126] Vgl. Lufthansa (2010).

5.2.2 Beispiel Deutsche Bank AG

Mit der Zeit zu gehen heißt für die Deutsche Bank, sich gesellschaftlichen Veränderungen und dem demografischen Wandel mit mehr Flexibilität in der Personalpolitik zu stellen. Nicht zuletzt durch die größer werdende Vielfalt an Kunden, z. B. hinsichtlich Alter oder Herkunft, sieht das Unternehmen seine Chancen in der Spiegelung dieser Diversität in seinem Mitarbeiterstamm. Denn für eine Vertrauensbeziehung zwischen Kunden und Bankberatern hat sich deren Ähnlichkeit für eine optimale Betreuung als besonders förderlich herausgestellt.[127]

Durch die Förderung der Vielfalt in der Belegschaft soll natürlich auch eine nachhaltige Sicherung des Humanvermögens erfolgen. Ein vorurteilsfreies Arbeitsumfeld, in dem sich das individuelle Leistungspotenzial jedes Mitarbeiters bestmöglich entfalten kann, sieht die Deutsche Bank als Wettbewerbsvorteil eines attraktiven Arbeitgebers für die besten Talente auf dem Arbeitsmarkt.[128] Betriebliche Weiterbildung und lebenslanges Lernen sind wichtige Säulen in der Personalpolitik des Unternehmens. Engagierte Mitarbeiter werden in ihren Karriereplänen unterstützt, die Beschäftigungsfähigkeit der Mitarbeiter bleibt bis ins hohe Alter erhalten und auch die Weitergabe von Erfahrungswissen ist durch intergenerative Projektteams sichergestellt. Jedoch auch die betriebliche Altersversorgung, flexible Arbeitsmodelle, wie Tele- oder Teilzeitarbeit zur Sicherung der Work-Life-Balance, und Gesundheits- bzw. Sportangebote sollen die Bedürfnisse der Mitarbeiter bestmöglich erfüllen und werden nach außen kommuniziert, da sie sogleich werbewirksame Elemente des Personalmarketing bei der Rekrutierung neuer Mitarbeiter darstellen.[129]

Neben Auftritten auf Jobmessen, wie dem Staufenbiel-Absolventenkongress, setzt die Deutsche Bank auf die Bewerberansprache via Internet. Auf der Homepage des Unternehmens finden sich in der Rubrik Karriere neben Stellenangeboten viele Informationen für interessierte Bewerber, die die Deutsche Bank als attraktiven Arbeitgeber auszeichnen.[130]

---

[127] Vgl. Drewniak, U./Stein, M. (2007), S. 171 ff.
[128] Vgl. Coppi, M. (2004), S. 414.
[129] Vgl. Drewniak, U./Stein, M. (2007), S. 173 ff.; vgl. Deutsche Bank (2010b).
[130] Vgl. Staufenbiel Institut GmbH (2010), S. 1; vgl. Deutsche Bank (2010a).

5.2.3 Beispiel Viega GmbH & Co. KG

Das mittelständische Unternehmen Viega gehört zwar zu den Marktführern der Sanitär-
und Heizungsbranche, jedoch beschränkt sich der Bekanntheitsgrad auf Fachkreise und
die Sauerlandregion, wo die Firma ansässig ist. Aufgrund des Mangels an Hochschulabsolventen für die technische Entwicklung und die strategischen Geschäftsfelder im Unternehmen wurde ein umfangreiches Personalmarketing-Konzept ausgearbeitet.[131]

Nachdem als Zielgruppen neben Studenten, Schülern, jungen Fachleuten am Anfang
ihrer Karriere und erfahrenen Fachkräften auch die Lehrstühle bestimmter Universitäten
definiert waren, wurden die Ziele und Interessen dieser Gruppen analysiert, um spezifi-
sche Maßnahmen einzuleiten. Viega machte verschiedene Einrichtungen, aus denen
bisher erfolgreich rekrutiert werden konnte, zu Partnerhochschulen und konnte so langfristige Hochschulbeziehungen aufbauen. Durch Unternehmensvorträge, Praktikumsplätze, Kooperationsverträge mit gemeinsamer Lehrplangestaltung und Angebote
des dualen Studiums konnte ein positives Unternehmensimage bei Studenten und Do-
zenten geprägt werden.[132]

Als Kommunikationswege des Personalmarketing nutzt das Unternehmen neben Hoch-
schulkooperationen auch Anzeigen in Printmedien, die Präsentation auf Jobmessen und
natürlich auch vermehrt das Internet, wo neben Online-Jobbörsen auch die eigene Homepage eine wichtige Rolle spielt. Unter dem Karriere-Link auf der Viega-Internetseite
finden sich viele Informationen für Interessierte aller Zielgruppen. Neben einem Image-
film werden mit Texten und Bildern die Vorzüge von Viega als Arbeitgeber dargestellt
und mit Erfahrungsberichten von Angestellten die Aufstiegschancen im Unternehmen
verdeutlicht.[133]

Für Viega ist es wichtig, neben den fachlichen Aspekten auch die Bedürfnisse der Zielgruppen zu beachten und sie als Menschen ernst zu nehmen. Durch Flexibilität sowie
ein dialogorientiertes Personalmarketing will man den Ansprüchen von Bewerbern und
Mitarbeitern gerecht werden, um den Unternehmensfortbestand zu sichern.[134]

---

[131] Vgl. Schöler, P. (2008), S. 110 f.
[132] Vgl. ebenda, S. 114 ff.
[133] Vgl. ebenda, S. 118; vgl. Viega (2010).
[134] Vgl. ebenda, S. 119.

6 Kritische Würdigung

Aufgrund der demografischen und technischen Entwicklung werden qualifizierte Mitarbeiter in Zukunft einen der entscheidenden Engpassfaktoren in der Unternehmung ausmachen. Das Personalmarketing hat sich demnach sowohl auf den externen als auch auf den internen Arbeitsmarkt zu konzentrieren, um neue Mitarbeiter zu gewinnen sowie vorhandenes Potenzial bestmöglich zu fördern und ans Unternehmen zu binden.[135] Die Umsetzung des Marketinggedankens im Personalbereich kann aber nur dann erfolgreich sein, wenn Personalforschung, internes und externes Personalmarketing aufeinander abgestimmt sind und miteinander einhergehen. Die Erschaffung von Voraussetzungen für eine langfristige Absicherung der Versorgung eines Unternehmens mit qualifiziertem und motiviertem Personal wird somit zur Hauptaufgabe des Personalmarketing. Durch diese strategische Sichtweise ist gleichzeitig die Abgrenzung zur Personalbeschaffung gegeben.[136]

Um dieser Aufgabe gerecht zu werden, gilt es, das Image des Unternehmens als Arbeitgeber zu pflegen und bei allen personalpolitischen Maßnahmen zu beachten. Denn eine Identifikation der Mitarbeiter mit dem Unternehmensimage motiviert sie und veranlasst sie im Unternehmen zu verbleiben. Neue Mitarbeiter hingegen lassen sich einfacher gewinnen, wenn sie ihre persönlichen Bedürfnisse im Image erfüllt sehen. Die personalpolitischen Leistungen prägen das Image des Unternehmens intern, aber beeinflussen durch ihre Kommunikation auch das externe Bild. Umgekehrt hat das externe Auftreten des Unternehmens Wirkungen nach innen.[137] Bei der Kommunikation von Image prägenden Wettbewerbsvorteilen ist daher stets zu beachten, dass diese Informationen auch der Wahrheit entsprechen, sprich das Bild auch mit realen Inhalten der Personalarbeit unterfüttert ist.[138] Nur so kann mit langfristig angelegten Maßnahmen eine attraktive Arbeitgebermarke errichtet werden, die sich im Kampf um qualifiziertes Personal am Markt durchzusetzen vermag.

[135] Vgl. Claus, D./Heymann, H.-H. (1992), S. 540 ff.
[136] Vgl. Zaugg, R. J. (1996), S. 34.
[137] Vgl. Claus, D./Heymann, H.-H. (1992), S. 544.
[138] Vgl. Drumm, H. J. (2008), S. 297.

- 31 -

Die internen und externen Maßnahmen des Personalmarketing zeigen zwar starke Überschneidungen mit dem übergeordneten Personalmanagement, dies betont jedoch nochmals die besondere Rolle des Personalmarketing als Querschnittsfunktion.[139]
In der unternehmerischen Praxis ist zu beobachten, dass Personalmarketing mit Beachtung der demografischen Problematik aktiv betrieben wird. Die Personalpolitik vieler
Unternehmen ist mitarbeiterorientiert und richtet sich individuell an den Lebenslagen
und Zielen des Personals aus. So gehören Weiterbildungen mittlerweile zum Status quo
bei vielen Arbeitgebern, um die Beschäftigungsfähigkeit der Mitarbeiter zu erhalten und
innerbetriebliche Perspektiven für ihr berufliches Vorankommen zu bieten. Auch wurde
erkannt, dass homogene Strukturen vor allem bezüglich des Alters zu Erfahrungswis-
sensverlust führen. Das kann durch mehr Diversität im Mitarbeiterstamm kompensiert
werden, was gleichzeitig einer größeren Vielfalt im Kundenkreis gerecht wird. Dabei
können Maßnahmen zum Erhalt der Gesundheit der Mitarbeiter und zur Verbesserung
der Work-Life-Balance die Attraktivität des Unternehmens entschieden verbessern. Die
Kommunikation der Wettbewerbsvorteile erfolgt gezielt auf Messen, in Medienauftrit-
ten und vor allem durch das Internet, wo sich das Personalimage an eine besonders brei-
te Masse transportieren lässt und sofort eine Interessentenansprache erfolgen kann.
Die Streitfrage, wie Personalmarketing in der Theorie richtig abzugrenzen sei, wird von
den Autoren dagegen weiter diskutiert werden, wobei die neuere Literatur eine Tendenz
zu einer weiten Auslegung erkennen lässt. Der Wert, den das Personalmarketing dagegen für die Praxis mit allen gesellschaftlichen Veränderungen und spezifischen Problemen darstellt, wird dabei von den Wirtschaftswissenschaftlern nicht in Frage gestellt.
Maßnahmen zur zeitgemäßen und nachhaltigen Akquisition, Motivation und Bindung
von Personal werden in der Literatur eindeutig bejaht. In Anbetracht der Werte und
Strukturen in unserer Gesellschaft sind die Bedürfnisse und Erwartungen vorhandener
oder potenzieller Mitarbeiter als Ausgangslage aller personalpolitischen Maßnahmen
anzusehen, um als Unternehmen auch am Arbeitsmarkt wettbewerbsfähig zu bleiben
und somit den eigenen Fortbestand zu sichern.[140]

---

[139] Vgl. Zaugg, R. J. (1996), S. 32 f.
[140] Vgl. Staffelbach, B. (1995), S. 144 ff.

Literaturverzeichnis

Beck, Ch. (2008): Personalmarketing 2.0. Personalmarketing in der nächsten Stufe ist Präferenz-Management. In: Beck, Ch. (Hrsg.): Personalmarketing 2.0. Vom Employer Branding zum Recruiting, Köln 2008, S. 9–56.

Becker, M. (2007): Lexikon der Personalentwicklung, Stuttgart 2007.

Becker, M. (2009): Personalentwicklung. Bildung, Förderung und Organisationsentwicklung in Theorie und Praxis, 5. Aufl., Stuttgart 2009.

Becker, M. (2010): Personalwirtschaft. Lehrbuch für Studium und Praxis, Stuttgart 2009.

Becker, M./Labucay, I./Kownata, C. (2008): Optimistisch altern. Theoretische Grundlagen und empirische Befunde demographiefester Personalarbeit für altersgemischte Belegschaften, München/Mering 2008.

Berthel, J./Becker, F. G. (2010): Personal-Management. Grundzüge für Konzeptionen betrieblicher Personalarbeit, 9., vollst. überarb. Aufl., Stuttgart 2010.

Bruhn, M. (2010): Marketing: Grundlagen für Studium und Praxis, 10., überarb. Aufl., Wiesbaden 2010.

Bröckermann, R./Pepels, W. (2002): Personalmarketing an der Schnittstelle zwischen Absatz- und Personalwirtschaft. In: Bröckermann, R./Pepels, W. (Hrsg.): Personalmarketing. Akquisition – Bindung – Freistellung, Stuttgart 2002, S. 1–15.

Bundesagentur für Arbeit. Statistik (2010): Arbeitsmarkt in Zahlen. Monats-/Jahreszahlen. Arbeitslosigkeit im Zeitverlauf November 2010. http://statistik.arbeitsagentur.de/cae/servlet/contentblob/216030/publicationFile/106624/zr-alo-bl-b-0-xls.xls, eingesehen am 15.12.2010.

Büdenbender, U./Selke, M. (1993): Betriebliche Sozialleistungen. In: Strutz, H. (Hrsg.): Handbuch Personalmarketing, 2., erw. Aufl., Wiesbaden 1993, S. 540–557.

Claus, D./Heymann, H.-H. (1992): Personalmarketing als Grundlage der Personalbeschaffung. In: Wagner, D./Zander, E./Hauke, Ch. (Hrsg.): Handbuch der Personalleitung. Funktionen und Konzeptionen der Personalarbeit im Unternehmen, München 1992, S. 539–569.

Coppi, M. (2004): Praxisbeispiel Deutsche Bank: „Vielfalt erfolgreich nutzen!" – Ein Diversity-Workshop für Führungskräfte. In: Krell, G. (Hrsg.): Chancengleichheit durch Personalpolitik. Gleichstellung von Frauen und Männern in Unternehmen und Verwaltungen. Rechtliche Regelungen – Problemanalysen – Lösungen, 4., vollst. überarb. u. erw. Aufl., Wiesbaden 2004, S. 413–418.

Deller, J. u. a. (2008): Personalmanagement im demografischen Wandel. Ein Handbuch für den Veränderungsprozess, Heidelberg 2008.

Deutsche Bank (2010a): Deutsche Bank Karriere. Home. http://www.db.com/careers/index.html, eingesehen am 29.12.2010.

Deutsche Bank (2010b): Deutsche Bank Karriere. Unser Engagement für unsere Mitarbeiter. http://www.db.com/careers/content/de/to_our_people.html, eingesehen am 29.12.2010.

Drewniak, U./Stein, M. (2007): In: Happe, G. (Hrsg.): Demografischer Wandel in der unternehmerischen Praxis. Mit Best-Practice-Berichten, Wiesbaden 2007, S. 171–183.

Drumm, H. J. (2008): Personalwirtschaft, 6., überarb. Aufl., Berlin/Heidelberg 2008.

Eckardstein, D. v. (2004): Demografische Verschiebungen und ihre Bedeutung für das Personalmanagement. In: Zeitschrift Führung + Organisation, 73. Jg., 2004, H. 3, S. 128–135.

Eckardstein, D. v./Schnellinger, F. (1975): Personalmarketing. In: Gaugler, E. (Hrsg.): Handwörterbuch des Personalwesens, Stuttgart 1975, Sp. 1592–1599.

Elšik, W. (2004): Personalpolitisches Instrumentarium. In: Gaugler, E./Oechsler, W. A./Weber, W. (Hrsg.): Handbuch des Personalwesens, 3., überarb. und erg. Aufl., Stuttgart 2004, Sp. 1630–1640.

Fröhlich, W. (2004): Nachhaltiges Personalmarketing. Entwicklung einer Rahmenkonzeption mit praxistauglichem Benchmarking-Modell. In: Fröhlich, W. (Hrsg.): Nachhaltiges Personalmarketing. Strategische Ansätze und Erfolgskonzepte aus der Praxis, Frechen 2004, S. 15–49.

Geldermann, B. (2005): Weiterbildung für die Älteren im Betrieb. In: Loebe, H./Severing, E. (Hrsg.): Wettbewerbsfähig mit alternden Belegschaften. Betriebliche Bildung und Beschäftigung im Zeichen des demografischen Wandels, Bielefeld 2005, S. 69–79.

Geldermann, B. (2007): Nicht alle gleich behandeln! Personalentwicklung für ältere Mitarbeiterinnen und Mitarbeiter. In: Loebe, H./Severing, E. (Hrsg.): Demografischer Wandel und Weiterbildung. Strategien einer alterssensiblen Personalpolitik, Bielefeld 2007, S. 27–38.

Hentze, J./Kammel A. (2001): Personalwirtschaftslehre 1. Grundlagen, Personalbedarfsermittlung, -beschaffung, -entwicklung und -einsatz, 7., überarb, Aufl., Bern/Stuttgart/Wien 2001.

Ilmarinen, J. (2008): Arbeitsfähigkeit gemeinsam fördern – ein Gewinn für alle Beteiligten. In: Deller, J. u. a. (2008): Personalmanagement im demografischen Wandel. Ein Handbuch für den Veränderungsprozess, Heidelberg 2008, S. 199–202.

Klimecki, R. G./Gmür, M. (2005): Personalmanagement. Strategien – Erfolgsbeiträge – Entwicklungsperspektiven, 3., erw. Aufl., Stuttgart 2005.

Knoblauch, R. (2002): Personalakquisition. In: Bröckermann, R./Pepels, W. (Hrsg.): Personalmarketing. Akquisition – Bindung – Freistellung, Stuttgart 2002, S. 56–70.

Krulis-Randa, J. S. (1983): Die menschliche Arbeit als Bestandteil der Unternehmensstrategie. In: Die Unternehmung, 37. Jg., 1983, H. 2, S. 140–146.

Langhoff, T. (2009): Den demographischen Wandel im Unternehmen erfolgreich gestalten. Eine Zwischenbilanz aus arbeitswissenschaftlicher Sicht, Berlin/Heidelberg 2009.

Lufthansa (2010): Be-Lufthansa: Jobs und Karriere. http://www.be-lufthansa.com, eingesehen am 29.12.2010.

Meffert, H./Burmann, Ch./Kirchgeorg, M (2008): Marketing. Grundlagen marktorientierter Unternehmensführung. Konzepte – Instrumente – Praxisbeispiele, 10., vollst. überarb. u. erw. Aufl., Wiesbaden 2008.

Meißner, A./Becker, F. G. (2007): Competition for Talents. Probleme und Handlungsempfehlungen speziell für mittelständische Unternehmen. In: Wirtschaftswissenschaftliches Studium, 2007, H. 8, S. 394–399.

Nawrocki, J. (1993): Personalwerbung. In: Strutz, H. (Hrsg.): Handbuch Personalmarketing, 2., erw. Aufl., Wiesbaden 1993, S. 270–285.

Neher, H. (1993): Arbeitszeitflexibilisierung I. In: Strutz, H. (Hrsg.): Handbuch Personalmarketing, 2., erw. Aufl., Wiesbaden 1993, S. 593–604.

OECD (2010): OECD Factbook 2010: Economic, Environmental and Social Statistics: Total fertility rates. http://dx.doi.org/10.1787/817542708333, eingesehen am 12.11.2010.

Olfert, K. (2008): Personalwirtschaft, 13., verb. und aktual. Aufl., Ludwigshafen 2008.

Rühl, M. (2004): Praxisbeispiel Lufthansa: Diversity – Argumente, Strategie, Maßnahmen. In: Krell, G. (Hrsg.): Chancengleichheit durch Personalpolitik. Gleichstellung von Frauen und Männern in Unternehmen und Verwaltungen. Rechtliche Regelungen – Problemanalysen – Lösungen, 4., vollst. überarb. u. erw. Aufl., Wiesbaden 2004, S. 71–74.

Rühl, M. (2007): Change Management unter demografischem Einfluss bei der Deutschen Lufthansa. In: Happe, G. (Hrsg.): Demografischer Wandel in der unternehmerischen Praxis. Mit Best-Practice-Berichten, Wiesbaden 2007, S. 97–110.

Rühl, M. (2008): Personalpolitische Handlungsfelder auf der Basis einer altersneutralen Unternehmenskultur. In: Deller, J. u. a. (2008): Personalmanagement im demografischen Wandel. Ein Handbuch für den Veränderungsprozess, Heidelberg 2008, S. 144–147.

Schimany, P. (2003): Die Alterung der Gesellschaft. Ursachen und Folgen des demographischen Umbruchs, Frankfurt 2003.

Scholz, Ch. (1995): Grundlagen eines marktorientierten Personalmanagements. In: Bruhn, M. (Hrsg.): Internes Marketing. Integration der Kunden- und Mitarbeiterorientierung. Grundlagen – Implementierung – Praxisbeispiele, Wiesbaden 1995, S. 257–275.

Scholz, Ch. (2000): Personalmanagement. Informationsorientierte und verhaltenstheoretische Grundlagen, 5., neubearb. u. erw. Aufl., München 2000.

Schöler, P. (2008): Dialogorientiertes Personalmarketing. Die zukünftige Ausrichtung eines mittelständischen Unternehmens im internationalen Wettbewerb um Fach- und Führungskräfte. In: Beck, Ch. (Hrsg.): Personalmarketing 2.0. Vom Employer Branding zum Recruiting, Köln 2008, S. 110–120.

Siegel, J. S./Swanson D. A. (2004): The methods and materials of demography, 2. Aufl., San Diego/London 2004.

Simon, H. u. a. (1995): Effektives Personalmarketing. Strategien – Instrumente – Fallstudien, Wiesbaden 1995.

Staffelbach, B. (1987): Personal-Marketing. In: Rühli, E./Wehrli, H. P. (Hrsg.): Strategisches Marketing und Management. Konzeption in Theorie und Praxis, 2. unveränd. Aufl., Bern/Stuttgart 1987, S. 123–143.

Staffelbach, B. (1995): Strategisches Personalmarketing. In: Scholz, Ch./Djarrahzadeh, M. (Hrsg.): Strategisches Personalmanagement. Konzeptionen und Realisationen, Stuttgart 1995, S. 143–158.

Statistisches Bundesamt (2009): Pressekonferenz „Bevölkerungsentwicklung in Deutschland bis 2060" am 18. November 2009 in Berlin. http://www.destatis.de/jetspeed/portal/cms/Sites/destatis/Internet/DE/Presse/pk/200 9/Bevoelkerung/Statement_Egeler_PDF,property=file.pdf, eingesehen am 12.11.2010.

Statistische Ämter (2009): Demografischer Wandel in Deutschland. Heft 4: Auswirkungen auf die Zahl der Erwerbspersonen, Stuttgart 2009.

Staufenbiel Institut GmbH (2010): Absolventenkongress 2010. Aussteller, sortiert nach Studienrichtung, Einstiegsbereich und Einstiegsart. http://www.absolventenkongress.de/recruiting-events/absolventenkongress/aussteller.html, eingesehen am 29.12.2010.

Strutz, H. (1993): Ziele und Aufgaben des Personalmarketing. In: Strutz, H. (Hrsg.): Handbuch Personalmarketing, 2., erw. Aufl., Wiesbaden 1993, S. 1–16.

Sudar, B. (2008): Warum die großen Online-Stellenbörsen auch im Personalmarketing 2.0 eine entscheidende Rolle spielen werden. In: Beck, Ch. (Hrsg.): Personalmarketing 2.0. Vom Employer Branding zum Recruiting, Köln 2008, S. 96–109.

Ulich, E./Wülser, M. (2009): Gesundheitsmanagement in Unternehmen. Arbeitspsychologische Perspektiven, 3., überarb. u. erw. Aufl., Wiesbaden 2009.

Viega (2010): Viega. Karriere. http://www.viega.de/xchg/de-de/hs.xsl/karriere-317.html, eingesehen am 30.12.2010.

Wollert, A. (1993): Unternehmenskultur. In: Strutz, H. (Hrsg.): Handbuch Personalmarketing, 2., erw. Aufl., Wiesbaden 1993, S. 433–442.

Zaugg, R. J. (1996): Integrierte Personalbedarfsdeckung. Ausgewählte Gestaltungsempfehlungen zur Gewinnung ganzheitlicher Personalpotentiale, Bern/Stuttgart/Wien 1996.